まちごとチャイナ

Liaoning 004 Lushun
旅 順

「203高地」と難攻不落の要塞

Asia City Guide Production

【白地図】遼東半島と旅順

CHINA
遼寧省

遼東半島と旅順

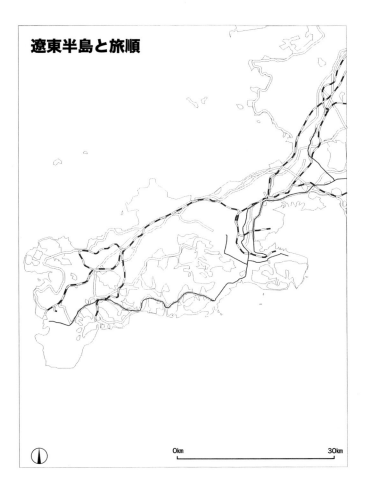

Lushun 白地図

【白地図】旅順

CHINA
遼寧省

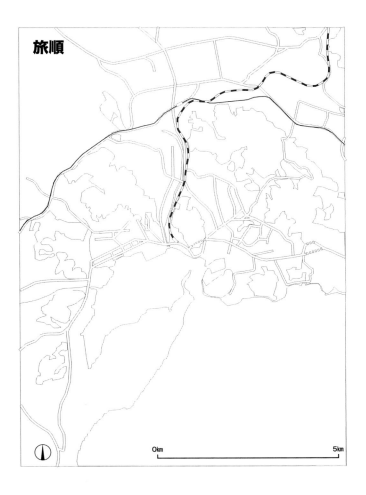

【白地図】旅順旧新市街

CHINA
遼寧省

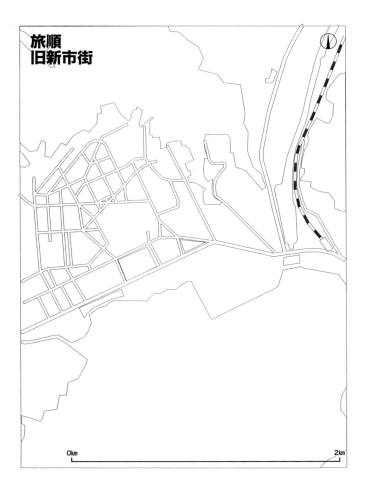

【白地図】旅順博物館

CHINA
遼寧省

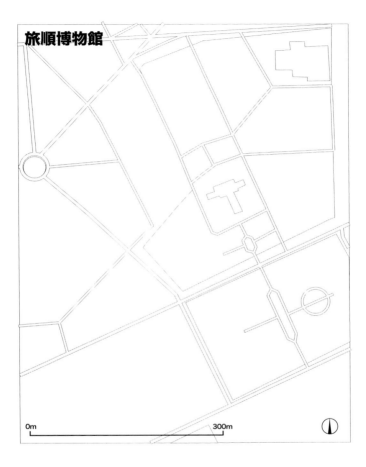

【白地図】旅順旧市街

CHINA
遼寧省

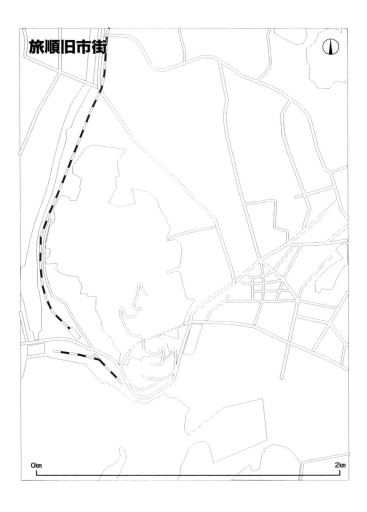

【白地図】203高地

CHINA
遼寧省

203高地

Lushun 白地図

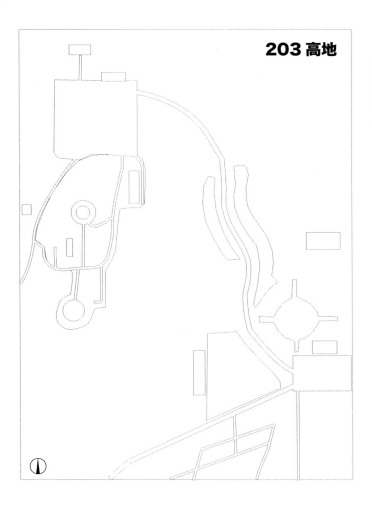

【白地図】水師営

CHINA
遼寧省

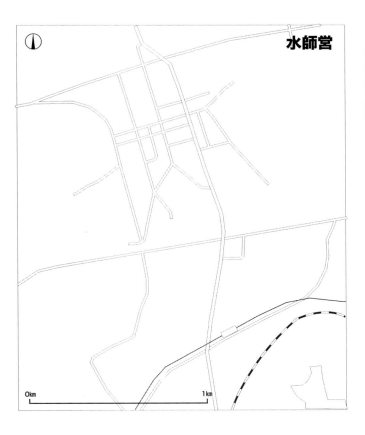

【白地図】東鶏冠山北堡塁

CHINA
遼寧省

Lushun　白地図

東鶏冠山北堡塁

【まちごとチャイナ】
遼寧省 001 はじめての遼寧省
遼寧省 002 はじめての大連
遼寧省 003 大連市街
遼寧省 004 旅順
遼寧省 005 金州新区
遼寧省 006 はじめての瀋陽
遼寧省 007 瀋陽故宮と旧市街
遼寧省 008 瀋陽駅と市街地
遼寧省 009 北陵と瀋陽郊外
遼寧省 010 撫順

CHINA
遼寧省

遼 東湾、渤海、黄海の3つの海が交わる遼東半島先端部に位置する旅順。北京や天津、東北地方への玄関口にあたり、袋の口を閉めたような港をもつ旅順は天然の要塞として知られてきた（商業港の大連に対して、旅順は軍港という性格をもっていた）。

旅順は「渤海の咽頭」「東洋の要害」などと呼ばれ、この地を制するが大きく戦局に影響することから、1894年の日清戦争、1904年の日露戦争でともに激戦が交わされた歴史をもつ。とくに日露戦争でロシアが守る難攻不落の要塞を、乃木希典

旅順
旅順 lǚ shùn リューシュン
Lu Shun

ひきいる日本陸軍が6万人もの犠牲を払いながら陥落させたことは広く知られている。

こうした経緯から旅順では、日露戦争時、旅順陥落の足がかりになった203高地、乃木希典とステッセルが会見した水師営会見所などの戦蹟が残る。また度重なる戦いが行なわれ、近代史の縮図とも言われる旅順には今なお中国海軍の拠点がおかれている。

【まちごとチャイナ】

遼寧省 004 旅順

目次

旅順	xviii
日中近代史の焦点へ	xxiv
旧新市街城市案内	xxxi
旧市街城市案内	liii
難攻不落の要塞に臨んで	lxiv
旅順郊外城市案内	lxxi
遼東半島をめぐる攻防	lxxxix

【MEMO】

Lushun

旅順

【地図】遼東半島と旅順

CHINA
遼寧省

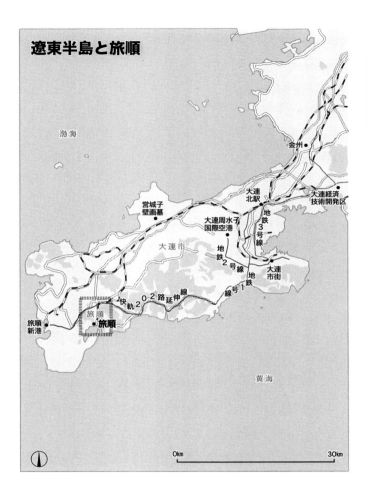

日中
近代史の
焦点へ

CHINA
遼寧省

渤海湾へ突き出した旅順は
街自体が要塞の趣をしている
日露戦争の最激戦地

近代以前の旅順の歴史

海をはさんで山東省と向かいあう旅順は、古くから廟島群島を通じて両者を結ぶ交通の要衝となってきた。それを示すように旅順には、漢代の牧羊城跡や唐代の黄金山鴻臚井などが残り、この地は隋唐代に「都里海口」、元代に「獅子口」と呼ばれていた。旅順という名前は、明代の武将が遼東半島に上陸した際、「旅途平順（道中平穏）」と口にしたことから名づけられたという。街の背面を山に囲まれた地形から、清代になると首都北京を防衛するための軍港として整備され、1887年、李鴻章のもと北洋水師（水師営）がおかれ、造船

▲左　203高地におかれた28センチ榴弾砲。　▲右　静かな時間が流れる旅順の街

所や修理ドッグなども完成した。

日露戦争の激戦地

1894年、日本は日清戦争で李鴻章の北洋艦隊に勝利し遼東半島を獲得したが、南下をもくろむロシアの圧力（三国干渉）を受けて、清国に返還した。その後、1898年、ロシアは清国から遼東半島南部を租借し、旅順に軍港、大連に商業港がおかれた（不凍港の両港を獲得することはロシアの悲願だった）。こうして中国東北部で権益が衝突した日本とロシアは、1904年に開戦し、満州平野、日本海などで交戦したが、最

CHINA
遼寧省

激戦地となったのが旅順だった。ロシアによって難攻不落の要塞と化し、極東軍総司令官クロパトキンが「永久に難攻不落の険要であろう」と評していた旅順。日本陸軍は亡骸が山となり、鮮血が川となると言われるほどの犠牲をしいられながら、1905年、旅順を陥落させ、その後、関東軍の司令部がおかれるなど1945年まで日本の統治時代が続いた。

旅順の構成

大連の西45kmのところに位置する旅順。西から老虎尾半島、東から黄金山がせまった幅300mの「袋の口」を閉めたよう

▲左　解放橋、かつて日本橋と呼ばれていた。　▲右　旅順攻防戦で激戦が交わされた東鶏冠山北堡塁

な港をもち、その背後に200〜500mほどの山々がとり囲む要塞のような地理をもつ（ロシアは、この山々に無数の巨砲、機関銃を配していた）。この旅順の中心を流れるのが龍河で、河にそって鉄道がしかれている。また龍河をはさんで東側がロシア統治以前の李鴻章時代につくられた旧市街（日本統治時代は、役所、銀行や商店があった）、西側が旧新市街（関東州の拠点として、政府や教育機関があった）となっている。また両者を結ぶ解放橋は、日本統治時代、日本橋と呼ばれていた。

【地図】旅順

【地図】旅順の [★★★]
- ☐ 203高地 203高地アーリンサンガオディイ
- ☐ 水師営会見所 水师营会见所 シュイシィーインフイジィアンシュオ
- ☐ 東鶏冠山北堡塁 东鸡冠山北堡垒 ドンジィグァンシャンベイバオレイ

【地図】旅順の [★★☆]
- ☐ 旅順駅 旅順站 リューシュンチャアン
- ☐ 白玉山塔 白玉山塔 バイユゥシャンタア

【地図】旅順の [★☆☆]
- ☐ 旅順港 旅順港 リューシュンガァン
- ☐ 旧旅順工科大学 旅順工科大学旧址 リューシュンゴンカァダアシュエジュウチィ
- ☐ 南銃弾倉庫 南子弾库 ナンズゥダンクゥ
- ☐ 望台山砲台 望台山炮台 ワンタイシャンパオタイ

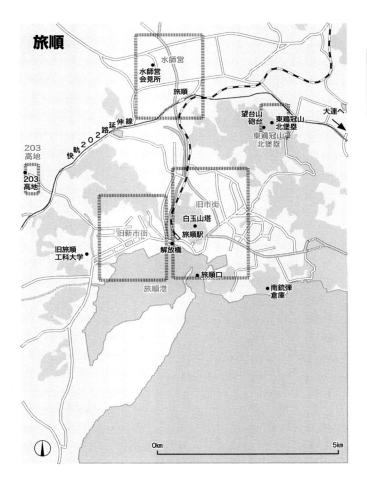

Lushun 日中近代史の焦点へ

【MEMO】

CHINA
遼寧省

Guide, Xin Cheng Shi
旧新市街城市案内

旅順の駅の東側にあった旧市街
西側がロシア統治時代、整備された旧新市街で
旧関東軍司令部博物館、旧旅順ヤマトホテルなどが位置する

旅順港 旅順港 lǔ shùn gǎng リューシュンガァン ［★☆☆］
旅順の港は東西から陸がせまっていて、幅はわずか300ｍ程度しかなく、浅い両側の海底を考えると巨大艦船は中央部の100ｍほどしか通航することができない。こうしたところから「攻めるに難しく、守るに易い」天然の要塞の趣きをしていて、清代、ロシア統治時代、日本統治時代から現在まで軍港としての性格をもってきた。夏目漱石はこの港のかたちを「旅順の港は袋の口を括ったように狭くなって外洋に続いている」（『満韓ところどころ』）と記している。

【地図】旅順旧新市街

【地図】旅順旧新市街の [★★☆]
- ☐ 旅順駅 旅順站リューシュンチャアン
- ☐ 旅順博物館 旅順博物馆リューシュンボォウーグァン

【地図】旅順旧新市街の [★☆☆]
- ☐ 旅順港 旅順港リューシュンガァン
- ☐ 旧旅順ヤマトホテル 旅順大和旅馆旧址 リューシュンダアハァリューグァンジュウチィ
- ☐ 旧粛親王邸 肃亲王府旧址スゥチンワンフージュウチィ
- ☐ 旧溥儀邸 溥仪邸旧址プーイーディジュウチィ

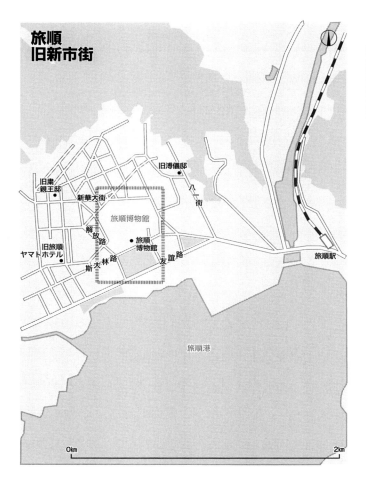

【地図】旅順博物館

【地図】旅順博物館の [★★☆]
- [ ] 旅順博物館 旅順博物馆 リューシュンボォウーグァン
- [ ] 旧関東軍司令部博物館 关东军司令部旧址博物馆 ガンドンジュンスーリンブゥジュウチィボォウーグァン

【地図】旅順博物館の [★☆☆]
- [ ] 中蘇友誼紀念塔 中苏友谊纪念塔 チョンスゥヨウイィジィネェンタア

旅順博物館

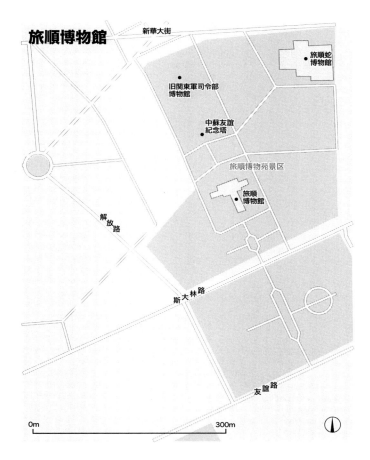

旧新市街城市案内 Lushun

CHINA
遼寧省

旅順駅 旅順站 lǚ shùn zhàn リューシュンチャアン[★★☆]
旅順の中心部に位置する緑の円屋根をもつ旅順駅。ロシア統治時代の1900年ごろに建てられた木造駅舎で、現在も当時の建物が使われている(木造なのは、仮駅舎として建設されたため)。こぢんまりとした印象を受けるが、ドーム式屋根はロシア正教の教会がイメージされているという。中国東北地方を縦断し、旅順へいたる線路は、19世紀末、ロシアによって敷かれ、1906年以降は日本の満鉄が引き継ぐことになった。

Lushun 旧新市街城市案内

▲左 ロシア風の緑色の円屋根をもつ。　▲右 日本統治下の満鉄時代にも使われていた旅順駅

シベリア鉄道の延長

ロシアはイギリスと世界の覇権をかけて争うなかで、1880年代以降、東方進出を本格化させた。清朝からウラジオストクの地を割譲させてシベリア鉄道をしき、さらに1896年、迂回することなく清国の領土である北満州を走ってウラジオストクへ着く短絡線「東清鉄道」の建設を李鴻章に認めさせた（ロシアの交通大臣ウィッテから李鴻章に対して莫大な賄賂が送られたという）。1898年、ロシアは大連、旅順をふくむ遼東半島南部を租借して南北に伸びる鉄道の延長権も得た。東西に伸びる東清鉄道、南北に伸びる東清鉄道南部支線

CHINA
遼寧省

が交わる地点にハルビンが築かれ、ロシア東方進出の足がかりとなった。

旅順と大連

旅順の街は、西欧ではポート・アーサーの名前で知られ、1856年に起きたアロー号戦争の際、イギリス軍が旅順を占領し、ヴィクトリア女王の三男アーサー王子にちなんで、この名前で呼ばれるようになった（一方、大連湾はヴィクトリア湾と名づけられた）。以来、旅順と大連が海の要衝として注目されるようになり、1898年に遼東半島南部を租借した

Lushun

旧新市街城市案内

ロシアは、旅順に軍港、大連に商業港をおき、その性格は日本統治時代も続いた。戦後、中華人民共和国が成立すると、1950年に旅順は大連と合併し、両者の頭文字をとって旅大と呼ばれるようになったが、1981年、大連市へと改名されて、大連市のなかに旅順口区がおかれた。

CHINA
遼寧省

旅順博物館 旅顺博物馆
lǚ shùn bó wù guǎn リューシュンボォウーグァン[★★☆]

旅順市街の中心に位置する旅順博物館。ロシア統治時代に未完成だった将校クラブを日本が1917年に改修し、博物館としてはじまった歴史をもつ（1945年～51年、ソ連駐留軍に接収されたのち、再び、博物館として開館した）。収蔵点数は3万点を超え、トルファンで出土した唐代の9体のミイラはじめ、大谷光瑞のコレクションを安置するなど、遼寧省を代表する博物館となっている。

▲左　旧関東軍司令部博物館の南側に立つ中蘇友誼紀念塔。　▲右　遼寧省を代表する旅順博物館

中蘇友誼紀念塔 中苏友谊纪念塔 zhōng sū yǒu yì jì niàn tǎ
チョンスゥヨウイィジィネェンタア [★☆☆]

旧関東庁と旅順博物館のあいだに立つ中蘇友誼紀念塔。1945年に日本が戦争に敗れると、旅順はソ連軍による統治を受けるようになり、10年間その状態が続いた。1955年、ソ連軍は旅順から撤退したが、そのとき中国とロシアの友好を記念してこの中蘇友誼紀念塔が建設が決まり、1957年に完成した。高さ22ｍの塔の素材には漢白玉が使われ、中華人民共和国国務院総理をつとめた周恩来による碑文が見える。

CHINA
遼寧省

旧関東軍司令部博物館 关东军司令部旧址博物馆
guān dōng jūn sī lìng bù jiù zhǐ bó wù guǎn ガンドンジュンスーリンブゥジュウチィボォウーグァン ［★★☆］

ロシア統治時代のホテル跡が利用され、戦前、日本の関東軍司令部が入っていた旧関東軍司令部博物館。日露戦争で日本が関東州、南満州鉄道とその附属地を獲得すると、1906年、関東州の管轄、満鉄線路の警備、満鉄の業務監督を行なう関東都督府がここ旅順におかれた（関東州とは山海関の東を意味し、日本が獲得した遼東半島南端の地。その事実上の首都が旅順にあった）。その後、1919年に関東庁と関東軍に

Lushun　旧新市街城市案内

▲左　旧関東軍司令部博物館、日本軍の拠点がおかれていた。　▲右　街角の八百屋さん

分離され、ひき続き旅順に関東軍司令部が、大連に関東庁がおかれることになった。当初、関東軍は関東州と満鉄附属地（線路沿い）の治安警備にあたっていたが、やがて暴走して1928年の張作霖爆殺事件、1931年の柳条湖事件をへて、1932年の満州国樹立へとつながっていった（のちに満鉄総裁となる松岡洋右が1906年に関東都督府に勤務しているほか、1928年、石原莞爾が旅順の関東軍司令部に着任している。関東軍の板垣征四郎、石原莞爾を中心に満蒙領有計画が構想され、満州国樹立へいたった）。満州国成立以前、株式会社の満鉄が満州の経営を行なったのは、イギリス、アメリカ、

CHINA
遼寧省

清国が軍政を嫌い、東インド会社がモデルにされたことによる。

旧旅順ヤマトホテル 旅順大和旅馆旧址
lǚ shùn dà hé lǚ guǎn jiù zhǐ
リューシュンダアハァリューグァンジュウチィ ［★☆☆］

戦前、満鉄が経営し、多くの著名人が宿泊した旧旅順ヤマトホテル。1927年、このヤマトホテルで20歳の川島芳子と24歳のモンゴル人カンジュルジャップが結婚式を行ない、夏目漱石、大谷光瑞（大連には西本願寺があった）なども宿泊し

▲左　賓客が宿泊した旧旅順ヤマトホテル。　▲右　石原莞爾も旅順の関東軍司令部に着任している

ている。また1911年の辛亥革命以後、皇帝を退位した愛新覚羅溥儀は天津の日本租界で暮らしていたが、1931年、天津から営口へ脱出し、満州国建国まで関東軍が支配するこの旅順のヤマトホテルで身を隠していたという歴史がある（2階すべてを使っていた）。

CHINA
遼寧省

与謝野晶子「君死にたまふことなかれ」

満鉄は日本内地に満州を宣伝するため、作家や学者、教育者、芸術家を満州へ招待していて、1909年に夏目漱石が、また1928年に与謝野鉄幹・晶子が満州を旅している。1904年に与謝野晶子が発表した「君死にたまふことなかれ（旅順口包囲軍の中に在る弟を歎きて）」は、日露戦争の戦役に従事した1歳8か月年下の弟に向けて詠んだもので、「君死にたまふことなかれ / 旅順の城はほろぶとも / ほろびずとても何事か」と続いている。実際に与謝野晶子の弟は、旅順とは別の戦線に従軍していたという。

旧新市街城市案内

旧粛親王邸 肃亲王府旧址 sù qīn wáng fǔ jiù zhǐ
スゥチンワンフージュウチィ [★☆☆]

階上から旅順を見渡せる、赤レンガが印象的な旧粛親王邸（旧川島芳子邸）。粛親王は第2代ホンタイジの第一皇子を祖先にもち、皇族の家系のなかでも筆頭格の家柄として北京で奢侈をきわめた生活を送っていた。1911年に辛亥革命が起こるなか、粛親王は恭親王とともに「皇帝退位不可」と強硬論を御前会議で唱えたが、やがて清朝滅亡が決まった。清朝の皇族は上海、青島、欧米に逃れ、1911年12月、第10代粛親王は日本の租借地である旅順に亡命することになった（明

CHINA
遼寧省

治維新を成功させた日本の力で、清朝の再興を考えていた)。粛親王家は王家に仕える人々60人もの大所帯で、そのなかにのちに「男装の麗人」川島芳子として活躍する第14女がいたことから旧粛親王邸は旧川島芳子邸とも言われる。粛親王は家族とともに冬は山に登り、夏は漁に出るなどの生活を送っていたが、1922年、粛親王はここ旅順の地でなくなった。

「男装の麗人」川島芳子

川島芳子は清朝の皇族粛親王の娘として1866年、北京の東交民巷で生まれ、清朝が滅亡する状況で日本人川島浪速の養

▲左　清朝屈指の名門粛親王家がここに亡命していた。　▲右　さまざまな歴史を見てきた旅順の街角にて

女となった（川島浪速は中国でさまざまな画策を行なった大陸浪人で、満蒙独立を狙う川島浪速と、清朝復辟を願う粛親王には共通の利害関係があった。旅順の粛親王家の生活費は、川島浪速が大連で開いた西崗子の市場でまかなっていた）。こうして川島芳子は7歳から日本に渡り、髪を切って、背広姿、羽織袴、軍服を着て、清朝復辟のために中国と日本を往来したことから「男装の麗人」と呼ばれた。満州国が建国されるなか、川島芳子は天津で料理店を開いたりしていたが、日本の敗戦を受け、1947年、漢奸（売国奴）として処刑された。

CHINA
遼寧省

旧溥儀邸 溥仪邸旧址
pǔ yí dǐ jiù zhǐ プーイーディジュウチィ ［★☆☆］

溥儀が別荘に使ったという旧溥儀邸。こぢんまりとした洋館となっている。

旧新市街城市案内

旧旅順工科大学 旅顺工科大学旧址
lǚ shùn gōng kē dà xué jiù zhǐ
リューシュンゴンカァダアシュエジュウチィ ［★☆☆］

旅順の旧新市街の西側に位置する旧旅順工科大学。1898年、ロシアが旅順を租借したのち、ロシア海軍学校がおかれていた。1906年に旅順が日本の手に渡ると、ロシア時代の建築が転用され、関東州で最初の高等専門学校である旧旅順工科大学となった。

Guide, Lao Cheng Shi
旧市街
城市案内

清朝官吏李鴻章の時代からの
伝統をもつ旅順旧市街
ロシア統治時代、日本統治時代の遺構も残る

日露監獄旧址博物館 日俄监狱旧址博物馆
rì é jiān yù jiù zhǐ bó wù guǎn
リーオォジィアンユュジュウチィボォウーグァン [★☆☆]

ロシア時代の1902年に監獄としてつくられ、日本統治時代も引き続き使われた日露監獄旧址博物館。現在では博物館として開館し、監房や取調室などが見られる。1909年、ハルビンで伊藤博文を暗殺した安重根は、翌年、ここで絞首刑にされた。

【地図】旅順旧市街

【地図】旅順旧市街の［★★☆］
- ☐ 白玉山塔 白玉山塔バイユゥシャンタア
- ☐ 旅順駅 旅順站リューシュンチャアン

【地図】旅順旧市街の［★☆☆］
- ☐ 日露監獄旧址博物館 日俄監獄旧址博物館 リーオォジィアンユゥジュウチィボォウーグァン
- ☐ 光輝街 光輝街グアンフイジエ
- ☐ 旧旅順関東法院 日本关东法院旧址陈列馆 リーベンガンドンファユェンジュウチィチェンリエグァン
- ☐ 旧旅順紅十字医院 旅順紅十字医院旧址 リューシュンホンシィズゥイィユェンジュウチィ
- ☐ 万忠墓 万忠墓ワンチョンムウ
- ☐ 旅順港 旅順港リューシュンガァン

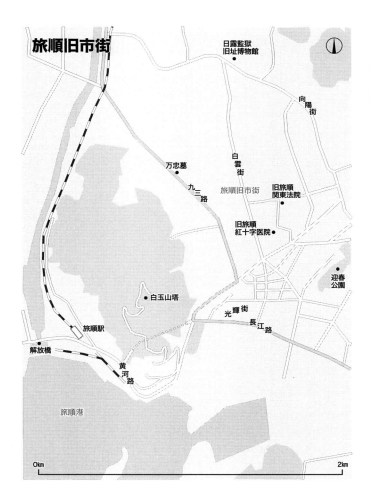

CHINA
遼寧省

光輝街 光辉街 guāng huī jiē グアンフイジエ ［★☆☆］
旅順駅から見て旧市街の入口付近に位置する光輝街。ここは日本人街（青葉通り）があったところで、旅順でも有数の繁華街となっていた。

旧旅順関東法院 日本关东法院旧址陈列馆
rì běn guān dōng fǎ yuàn jiù zhǐ chén liè guǎn リーベンガンドンファユェンジュウチィチェンリエグァン ［★☆☆］
日本統治時代、関東都督府による裁判所がおかれていた旧旅順関東法院。日本が租借した関東州は三審制で、満鉄附属地

▲左 地元の人も訪れる日露監獄旧址博物館。 ▲右 旅順駅からも視界に入る白玉山塔

領事館の司法領事が第一審を、第二審以降がこの旅順の関東法院で行なわれた（満州国が建国されると状況は変わった）。1909年、ハルビンで伊藤博文を暗殺した安重根などの政治犯などが裁かれたが、現在は博物館になっていて法廷の様子や当時の資料が展示されている。

旧旅順紅十字医院 旅順红十字医院旧址 **lǚ shùn hóng shí zì yī yuàn jiù zhǐ リューシュンホンシィズゥィィユェンジュウチィ**［★☆☆］

ロシア統治時代に建設された旧旅順紅十字医院。白の外観、赤の屋根をもつロシア風の建築で、1900年頃に建設された。

CHINA
遼寧省

白玉山塔 白玉山塔
bái yù shān tǎ バイユゥシャンタア [★★☆]

旅順駅の東に位置する小高い丘の白玉山に立つ白玉山塔。もともと日露戦争後の1909年、日本軍によって建てられた死者をとむるための忠霊塔で、高さは66.8 mになる。旅順の街は、この白玉山の東西で旧市街と新旧市街にわかれ、山頂からは旅順港を見渡すことができる。

▲左　大連へと続く線路、旅順は東清鉄道の終着駅だった。　▲右　関東軍の軍服、多くの日本人がこの地でなくなった

万忠墓 万忠墓 wàn zhōng mù ワンチョンムウ ［★☆☆］

白玉山の東麓に位置する万忠墓（万忠とは「万人が忠誠を尽くした」を意味する）。日清戦争中の1894年11月、日本軍によって旅順の非戦闘員をふくむ人々が虐殺されるという事件が起き、1896年、その死者を清朝官吏顧元勲がここに葬って万忠墓と名づけた。清国側の記録では18000人がなくなったとされ、従軍記者によって日清戦争中最大の事件として世界に報道された。日本統治時代には荒れていたが、戦後、資料室がつくられるなど改修され、事件から100年がたった1994年に現在の姿となった。

CHINA
遼寧省

日清戦争時の旅順

1894年に日清戦争が起こったとき、旅順の攻略には「50余隻の堅艦と10万の陸軍をもっても半年はかかる」と言われていた。ところが遼東半島に上陸した日本軍は、北洋艦隊の拠点である旅順を1日で陥落させた。このとき1894年11月21日から数日かけて起こったのが旅順虐殺事件で、死者の数は日本側と中国側の見解などで異なるものの、従軍記者の記事を通じ旅順虐殺事件として世界に報道された（清国側の記録では18000人、日本側2000〜6000人）。当時、陸奥宗光が行なっていた不平等条約改正の足かせになったとも伝え

られる。また日清戦争では森鷗外が軍医部長として大連湾の柳樹屯に勤務していたほか、乃木希典も旅順攻略軍に参加していた（そのことで日露戦争時に旅順攻略に乃木希典が任されることにもなった）。1895 年、日清戦争の勝利で日本は遼東半島を割譲させたが、ロシアを中心にした三国干渉で返還をよぎなくされ、1904 年に日露戦争に突入した。

CHINA
遼寧省

南銃弾倉庫 南子弾库
nán zǐ dàn kù ナンズゥダンクゥ [★☆☆]

1887年、清朝の直隷総督李鴻章は、ドイツ人顧問ハイネッケンの意見を受けて、旅順口に要塞、大連湾に軍港の築造をはじめた（李鴻章ら洋務派は欧米の技術をもって清朝の近代化を試みた）。ここ南銃弾倉庫は清朝北洋艦隊の弾薬倉庫があったところで、東西50m、南北20mの敷地面積をもつ。

難攻不落
の要塞に
臨んで

CHINA
遼寧省

旅順要塞に向かって繰り返される突撃は
ロシア軍の前に無残な結果となった
そこで注目されたのが203高地、この高地の占領で形勢は逆転した

旅順攻略を目指した第三軍

1904年に日露戦争がはじまると、日本陸軍は3派にわかれて満州へ進出した。第一軍は遼陽方面に進み、第二軍は大連北の南山の戦いで勝利したのち、北方へ向かった。そして難攻不落と恐れられた旅順へ向かったのが乃木希典ひきいる第三軍だった。日露戦争初期、旅順港にはロシア太平洋艦隊が待機していて、日本海軍とにらみあっていた（旅順港の入口はわずか300mで海から手が出せない状況だった）。そうしたなかヨーロッパからバルチック艦隊が日本海に向かって出発し、両者が合流すれば日本海の制海権が握られてしまうと

Lushun 難攻不落の要塞に臨んで

いった状況で、旅順を背後の陸上から攻略すべく、第三軍の旅順攻撃がはじまった。

乃木希典による正面攻撃

1894年の日清戦争のとき、乃木希典は旅団長として旅順攻略に参加していた。けれどもロシアが20万樽以上のセメントを使って築いた要塞は、10年前とはまったく別物のような装備と堅牢さをもっていた。蟻の子ひとつ入る隙がなく、機関銃が配備された無数の堡塁が屏風のように連なり、旅順市街を守っていた。こうした要塞に対して、乃木希典は「突

【MEMO】

CHINA
遼寧省

Lushun 難攻不落の要塞に臨んで

日露戦争での旅順総攻撃（1904年）
第1回　8月19日〜24日
第2回　10月26日〜31日
第3回　11月26日〜翌1月1日

旅順攻防戦

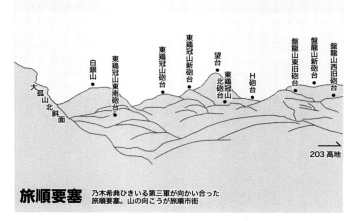

旅順要塞　乃木希典ひきいる第三軍が向かい合った旅順要塞。山の向こうが旅順市街

CHINA
遼寧省

撃せよ」と命令し、銃剣による正面攻撃を繰り返しては、日本軍は機関銃の餌食となり、亡骸が積みあげられていった(1000人が10人になるのに、15分とかからないほどだったという)。

そこから旅順口は見えるか

こうしたなか、旅順要塞北西隅に位置する203高地が攻撃対象として浮上し、「203高地を落とせば、そこから旅順市街や港が攻撃できるのでは」という意見が軍上層部に出はじめていた。こうして日本軍とロシア軍のあいだで山頂を争奪す

Lushun 難攻不落の要塞に臨んで

ること10数回という激戦が交わされたのち、203高地は日本軍の手に渡った（煙台の総司令部から旅順に来た児玉源太郎参謀長が発した「そこから旅順港は見えるか」の問いに対して「見えます。まる見えであります」という答えがあったという）。203高地から放たれた砲弾が旅順港や旅順市街へ届くようになり、ロシアの堡塁はひとつずつ陥落し、ついに敵将ステッセルは降伏することになった。旅順攻略にあたって、後方部隊をふくめて13万人が動員され、5万9000余名の死傷者が出た凄惨きわまる戦いだった。

Guide,
Lu Shun Jiao Qu
旅順郊外
城市案内

203高地、東鶏冠山、水師営会見所
旅順をとりまくように
日露戦争の戦蹟が点在する

203高地 203高地
èr líng sān gāo dì アーリンサンガオディイ［★★★］

旅順市街をとり囲むように続く山々のなかで、市街北西2kmに位置する203高地。標高が203mであることから、この名前がつけられ、日露戦争時の旅順攻略戦で激戦が交わされた（ロシア側からは「ヴィソーカヤ・ガラ（高い山）」と呼ばれていた）。当初、乃木希典ひきいる日本陸軍は、旅順要塞正面の東鶏冠山北堡塁、望台山砲台に向かって正面突撃を繰り返していたが、203高地を落としたことではじめて日本軍の砲弾が旅順港内に届くようになり、旅順陥落のきっかけと

【地図】203 高地

【地図】203 高地の [★★★]
- [ ] 203 高地 203 高地 アーリンサンガオディイ

【地図】203 高地の [★★☆]
- [ ] 爾霊山塔 尔霊山塔 アーリンシャンタア
- [ ] 28 センチ榴弾砲 二十八糎炮 アーシイバアリィパオ

【地図】203 高地の [★☆☆]
- [ ] 203 高地陳列館 203 高地陈列馆 アーリンサンガオディイチェンリエグァン
- [ ] 乃木保典故死之所 乃木保典战死之所 ナイムウバオディエンチャンスーチィシュオ

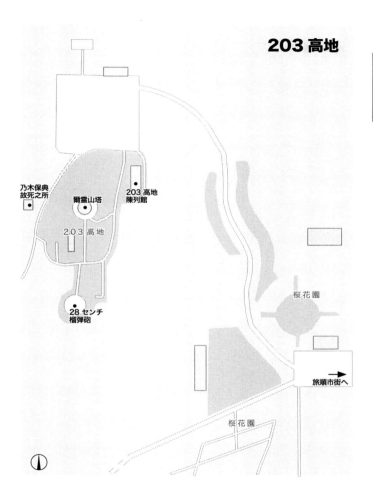

CHINA
遼寧省

なった。203高地を攻略するために出した日本軍の死者は1万5千人、無数の砲弾が打ち込まれたため、山頂の岩は灰になって長靴が没するほどだったという。この高地からは旅順港と旅順市街を見渡すことができる。

203高地陳列館 203高地陈列馆
èr líng sān gāo dì chén liè guǎn
アーリンサンガオディイチェンリエグァン ［★☆☆］

激戦が交わされた203高地の攻防にまつわる展示品がならぶ203高地陳列館。写真や軍服などが展示されている。

▲左　乃木将軍が建立した爾霊山塔。　▲右　中国語では203は「アーリンサン」と呼ぶ

爾霊山塔 尔灵山塔 ěr líng shān tǎ アーリンシャンタア[★★☆]

203高地の頂上に立つ爾霊山塔。203高地争奪戦で生命を落とした人々を鎮魂するために砲弾を集めて建てられ、爾霊山（にれいさん）という名前はここで乃木希典が詠んだ「銕血覆山山形改、萬人齊仰爾靈山（鉄血山を覆いて山形改まる、萬人齊〈ひと〉しく仰ぐ爾靈山）」という漢詩にちなむ。203高地という言葉と、この戦いで生命を落とした次男乃木保典をさす「爾（なんじ）の霊の山」をかけたものだと言われる。旅順陥落後、日本軍をひきいた乃木希典がこの山にのぼったとき、死骸が山をおおっていたという（戦没者の招魂祭は水

▲左 203高地からのながめ、昔はもっとくっきり見えたという。　▲右旅順攻防戦を勝利に導いた28センチ榴弾砲

師営南方の丘陵で行なわれた)。

28センチ榴弾砲 二十八糎炮
èr shí bā lí pào アーシイバアリィパオ ［★★☆］

203高地から旅順港内と市街に砲弾を打ち込んだ28センチ榴弾砲。海上防衛のために設計され、日本国内の要塞に配備されていたが、日露戦争にあたって日本から旅順へと運ばれてきた。その砲撃のすさまじさは、旅順市街にいて他人と会話ができないほどだったと伝えられる（また不発弾がとても多くロシア軍が、不発弾を打ち返してきたという）。ここか

【MEMO】

CHINA
遼寧省

ら放たれた 28 センチ榴弾砲によって、ロシア海軍の艦隊は次々に沈められていった。

乃木保典故死之所 乃木保典战死之所 **nǎi mù bǎo diǎn zhàn sǐ zhī suǒ ナイムウバオディエンチャンスーチィシュオ**[★☆☆]
乃木希典の次男である乃木保典が生命を落とした場所に立つ石碑。乃木希典は日露戦争（南山と旅順）でふたりの子どもをなくしていて、次男保典は 203 高地で敵弾に倒れたが、その死を伝えきた乃木希典は「うむ、そうか。わしはいま保典が、副官懸章をかっけずにきたから、叱ってかえした夢をみ

▲左　203高地の駐車場ここから手前側にのぼる。　▲右　日本の勝利で停戦条約が結ばれた、水師営会見所

ていた」と言ったという。

乃木希典とその死

乃木希典は1849年、東京麻生の長州藩邸で生まれた。忠節、誠実、質素といった武士的人徳の持ち主と語られ、琵琶歌や浪曲にもなって日本人に親しまれてきた。一方で、旅順攻防戦で無数の死者を出した作戦面で厳しい批判もされるなど、その評価は時代や人によって大きくわかれる。1906年、東京に凱旋したのち、学習院の院長につくなどしたが、1912年、明治天皇の死とともに割腹して殉死した。

【地図】水師営の [★★★]

- [ ] 水師営会見所 水师营会见所
   シュイシィーインフイジィアンシュオ

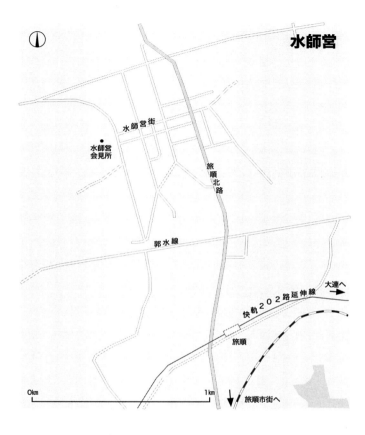

遼寧省

水師営会見所 水师营会见所 shuǐ shī yíng huì jiàn suǒ
シュイシィーインフイジィアンシュオ［★★★］

水師営会見所は、旅順を陥落させた乃木希典とロシアの守備軍司令官ステッセルによる会見が行なわれた場所。1904年12月5日に203高地を占領したのち、旅順攻防戦は日本軍が優勢になり、翌1月1日、ステッセルは乃木希典に降伏を申し出てきた。その後、1月5日にここで両者による停戦条約の関する会見が行なわれた。このときステッセルはアラブ産の白馬を乃木希典に送り、乃木はこの馬を壽號と名づて愛馬とした。水師営という名前は、直隷総督李鴻章によって整

▲左　中列左から2人目が乃木希典、右隣りがステッセル。　▲右　日本軍は地下トンネルを掘り爆破して侵入した、東鶏冠山北堡塁

備された軍の駐屯地がおかれていたことにちなみ、当時の農家の様子が再現されている。

東鶏冠山北堡塁 东鸡冠山北堡垒
dōng jī guān shān běi bǎo lěi
ドンジィグァンシャンベイバオレイ　[★★★]

東鶏冠山北堡塁は日露戦争当時、機関銃が配備され、石材とコンクリートで覆われたロシアによる難攻不落の要塞。旅順防御線の本線にあたり、松樹山堡塁から東鶏冠山への正面突撃を繰り返しては、日本軍は絶滅していた（砲弾不足やバル

【地図】東鶏冠山北堡塁

【地図】東鶏冠山北堡塁の [★★★]
- 東鶏冠山北堡塁 东鸡冠山北堡垒 ドンジィグァンシャンベイバオレイ

【地図】東鶏冠山北堡塁の [★☆☆]
- 望台山砲台 望台山炮台 ワンタイシャンパオタイ

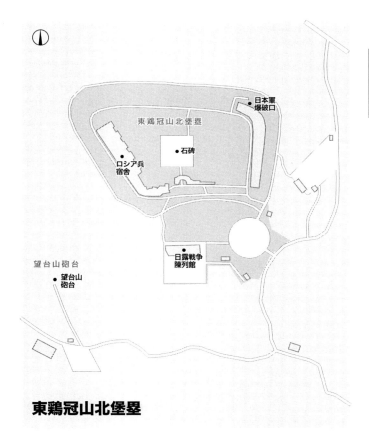

東鶏冠山北堡塁

CHINA
遼寧省

チック艦隊の来航以前に旅順を攻略するために、最短ルートを狙った)。現在、半地下要塞、兵舎、武器庫などが残っていて、日露戦争の足跡をたどることができる。この東鶏冠山北堡塁に向かって、日本軍はツルハシ、しゃべるなどで地下坑道(トンネル)を掘り、4000kgの火薬を使って爆破、その後、攻略に成功した。

▲左　東鶏冠山北堡塁の中央に立つ石碑。　▲右　ロシアの機関銃が日本軍を苦しめた

望台山砲台 望台山炮台
wàng tái shān pào tái ワンタイシャンパオタイ ［★☆☆］

東鶏冠山北堡塁の西側に残る望台山砲台。日露戦争当時、旅順市街の本防御線の内奥に位置し、ここを占領すれば直接、旅順市街と旅順港を攻撃できると考えられていたため、日本軍は望台山、松樹山、二龍山、東鶏冠山といった要塞に正面攻撃を加えた（望台山砲台への決死隊もあったが、周囲の要塞から機関銃で集中砲火をあびた。当初、203 高地は、砲兵観測点にしかならないと見られていた）。連なる要塞のなかでも一際高い標高 185m にあり、山頂には大砲が残っている。

遼東半島をめぐる攻防

南下するロシアと大陸進出をうかがう日本
両者の利害が衝突し戦いがはじまった
そして世界中の視線が旅順に注がれた

ロシアの南下政策

19世紀、世界を二分して覇権争いを行なったイギリスとロシア。ロシアはシベリア鉄道を敷設して東アジアに進出し、1858年のアイグン条約でアムール河以北を、1860年の北京条約でウスリー川以東の地を獲得し、1873年にはウラジオストクに軍港を設置するなど、東アジアへの権益確保に動いていた。一方、日本も1894年に起こった日清戦争に勝利し、遼東半島を獲得したが、ロシアをはじめとする三国干渉によって返還。その後、1898年、ロシアが清国から遼東半島南部を租借して商業港大連、軍港旅順を建設した。明治維

CHINA
遼寧省

新まもない日本では、「臥薪嘗胆」の言葉とともに対ロ感情が悪化し、中国東北地方をめぐって日露間の緊張は高まっていった。1902年、東アジアの権益をめぐって利害の一致する日本とイギリスのあいだに日英同盟が結ばれ、1904年に開戦した日露戦争ではイギリスやアメリカが日本の公債を購入して軍事費の捻出に協力した。

海軍による旅順口閉塞作戦

1904年、日露戦争が開戦すると、幅300mほどの旅順港内に立てこもったロシア艦隊に対して、日本海軍は港の入口を

▲左　28センチ榴弾砲の砲弾、東鶏冠山北堡塁にて。　▲右　旅順には日本人観光客が多く訪れる

封じてしまう「旅順口閉塞作戦」を展開した（アメリカ艦隊が、キューバのサンチアゴ軍港にスペイン艦隊を閉じ込めて成果をあげた例があった）。これは日本の閉塞船を幅300mの港に沈め、港内のロシア艦隊を身動きできないようにするといった作戦だったが、日本側の船は旅順口に達する前に次々と沈められ、三度、失敗した（この閉塞作戦で死んだ広瀬武夫はのちに軍神とされた）。こうして海上からの旅順攻略が難しいとの判断から、陸軍が旅順背後から攻撃を行なうことになった。

CHINA
遼寧省

奉天会戦とバルチック艦隊撃破

1905年1月、旅順を陥落させた乃木希典ひきいる第三軍は、北方の部隊と合流し、現在の瀋陽(当時の奉天)で日本陸軍とロシア陸軍が向かいあった。1905年2〜3月にかけて両者あわせて10万人以上の死者を出す日露戦争最大の激戦が交わされ、この戦いでロシアの極東軍総司令官クロパトキンは北方へ退却し、日本が瀋陽に入城したが、軍や物資の疲弊もあって、ロシア軍を追うことはできなかった。一方、ロシア最後の切り札とされたバルチック艦隊がヨーロッパから日本海に向けて来航したが、1905年5月、対馬周辺でこれを

Lushun

遼東半島をめぐる攻防

迎え撃った日本海軍によって殲滅され、日露戦争の勝利を確実なものとした(ロシア艦隊の進行をさえぎる丁字戦法がとられた)。両国ともに疲労するなかで、1905年9月、ポーツマス条約が結ばれ、遼東半島南部の大連、旅順をふくむ関東州、また南満州鉄道が日本に譲渡されることになった。日露戦争にあたっては、当時の日本の国家予算約3億円に対して、約18億円もの戦費を使うことになった。

参考文献

『図説「満洲」都市物語』(西沢泰彦 / 河出書房新社)

『全調査東アジア近代の都市と建築』(筑摩書房編 / 大成建設)

『乃木希典』(松下芳男 / 吉川弘文館)

『児玉源太郎』(小林道彦 / ミネルヴァ書房)

『旅順虐殺事件』(井上晴樹 / 筑摩書房)

『肉弾』(桜井忠温 / 英文新誌社出版部)

『満蒙全書』(南滿洲鐵道株式會社社長室調査課 / 満蒙文化協會)

『坂の上の雲』(司馬遼太郎 / 文芸春秋)

『日露戦争特別展』(アジア歴史資料センター web)

『世界大百科事典』(平凡社)

[PDF] 大連地下鉄路線図 http://machigotopub.com/pdf/dalianmetro.pdf

[PDF] 大連空港案内 http://machigotopub.com/pdf/dalianairport.pdf

[PDF] 大連路面鉄道路線図 http://machigotopub.com/pdf/dalianromen.pdf

まちごとパブリッシングの旅行ガイド
Machigoto INDIA , Machigoto ASIA , Machigoto CHINA

【北インド - まちごとインド】

001 はじめての北インド
002 はじめてのデリー
003 オールド・デリー
004 ニュー・デリー
005 南デリー
012 アーグラ
013 ファテープル・シークリー
014 バラナシ
015 サールナート
022 カージュラホ
032 アムリトサル

【西インド - まちごとインド】

001 はじめてのラジャスタン
002 ジャイプル
003 ジョードプル
004 ジャイサルメール
005 ウダイプル
006 アジメール（プシュカル）
007 ビカネール
008 シェカワティ
011 はじめてのマハラシュトラ
012 ムンバイ
013 プネー
014 アウランガバード
015 エローラ
016 アジャンタ
021 はじめてのグジャラート
022 アーメダバード
023 ヴァドダラー（チャンパネール）
024 ブジ（カッチ地方）

【東インド - まちごとインド】

002 コルカタ
012 ブッダガヤ

【南インド - まちごとインド】

001 はじめてのタミルナードゥ
002 チェンナイ
003 カーンチプラム
004 マハーバリプラム
005 タンジャヴール
006 クンバコナムとカーヴェリー・デルタ
007 ティルチラパッリ
008 マドゥライ
009 ラーメシュワラム
010 カニャークマリ
021 はじめてのケーララ
022 ティルヴァナンタプラム
023 バックウォーター（コッラム～アラップーザ）
024 コーチ（コーチン）
025 トリシュール

【ネパール - まちごとアジア】

001 はじめてのカトマンズ
002 カトマンズ
003 スワヤンブナート

004 パタン
005 バクタプル
006 ポカラ
007 ルンビニ
008 チトワン国立公園

【バングラデシュ - まちごとアジア】

001 はじめてのバングラデシュ
002 ダッカ
003 バゲルハット（クルナ）
004 シュンドルボン
005 プティア
006 モハスタン（ボグラ）
007 パハルプール

【パキスタン - まちごとアジア】

002 フンザ
003 ギルギット（KKH）
004 ラホール
005 ハラッパ
006 ムルタン

【イラン - まちごとアジア】

001 はじめてのイラン
002 テヘラン
003 イスファハン
004 シーラーズ
005 ペルセポリス
006 パサルガダエ（ナグシェ・ロスタム）
007 ヤズド
008 チョガ・ザンビル（アフヴァーズ）
009 タブリーズ
010 アルダビール

【北京 - まちごとチャイナ】

001 はじめての北京
002 故宮（天安門広場）
003 胡同と旧皇城
004 天壇と旧崇文区
005 瑠璃廠と旧宣武区
006 王府井と市街東部
007 北京動物園と市街西部
008 頤和園と西山
009 盧溝橋と周口店
010 万里の長城と明十三陵

【天津 - まちごとチャイナ】

001 はじめての天津
002 天津市街
003 浜海新区と市街南部
004 薊県と清東陵

【上海 - まちごとチャイナ】

001 はじめての上海
002 浦東新区
003 外灘と南京東路
004 淮海路と市街西部
005 虹口と市街北部
006 上海郊外（龍華・七宝・松江・嘉定）
007 水郷地帯（朱家角・周荘・同里・甪直）

【河北省 - まちごとチャイナ】

001 はじめての河北省
002 石家荘
003 秦皇島
004 承徳
005 張家口
006 保定
007 邯鄲

【江蘇省 - まちごとチャイナ】

001 はじめての江蘇省
002 はじめての蘇州
003 蘇州旧城
004 蘇州郊外と開発区
005 無錫
006 揚州
007 鎮江
008 はじめての南京
009 南京旧城
010 南京紫金山と下関
011 雨花台と南京郊外・開発区
012 徐州

【浙江省 - まちごとチャイナ】

001 はじめての浙江省
002 はじめての杭州
003 西湖と山林杭州
004 杭州旧城と開発区
005 紹興
006 はじめての寧波
007 寧波旧城
008 寧波郊外と開発区
009 普陀山
010 天台山
011 温州

【福建省 - まちごとチャイナ】

001 はじめての福建省
002 はじめての福州
003 福州旧城
004 福州郊外と開発区
005 武夷山
006 泉州
007 廈門
008 客家土楼

【広東省 - まちごとチャイナ】

001 はじめての広東省
002 はじめての広州
003 広州古城
004 天河と広州郊外
005 深圳(深セン)
006 東莞
007 開平(江門)
008 韶関
009 はじめての潮汕
010 潮州
011 汕頭

【遼寧省 - まちごとチャイナ】

001 はじめての遼寧省
002 はじめての大連
003 大連市街
004 旅順
005 金州新区

006 はじめての瀋陽
007 瀋陽故宮と旧市街
008 瀋陽駅と市街地
009 北陵と瀋陽郊外
010 撫順

【重慶 - まちごとチャイナ】

001 はじめての重慶
002 重慶市街
003 三峡下り（重慶〜宜昌）
004 大足

【香港 - まちごとチャイナ】

001 はじめての香港
002 中環と香港島北岸
003 上環と香港島南岸
004 尖沙咀と九龍市街
005 九龍城と九龍郊外
006 新界
007 ランタオ島と島嶼部

【マカオ - まちごとチャイナ】

001 はじめてのマカオ
002 セナド広場とマカオ中心部
003 媽閣廟とマカオ半島南部
004 東望洋山とマカオ半島北部
005 新口岸とタイパ・コロアン

【Juo-Mujin（電子書籍のみ）】

Juo-Mujin 香港縦横無尽
Juo-Mujin 北京縦横無尽
Juo-Mujin 上海縦横無尽

【自力旅游中国 Tabisuru CHINA】

001 バスに揺られて「自力で長城」
002 バスに揺られて「自力で石家荘」
003 バスに揺られて「自力で承徳」
004 船に揺られて「自力で普陀山」
005 バスに揺られて「自力で天台山」
006 バスに揺られて「自力で秦皇島」
007 バスに揺られて「自力で張家口」
008 バスに揺られて「自力で邯鄲」
009 バスに揺られて「自力で保定」
010 バスに揺られて「自力で清東陵」
011 バスに揺られて「自力で潮州」
012 バスに揺られて「自力で汕頭」
013 バスに揺られて「自力で温州」

【車輪はつばさ】
南インドのアイラヴァテシュワラ寺院には建築本体に車輪がついていて寺院に乗った神さまが人びとの想いを運ぶと言います。

- 本書はオンデマンド印刷で作成されています。
- 本書の内容に関するご意見、お問い合わせは、発行元の
  まちごとパブリッシング info@machigotopub.com までお願いします。

まちごとチャイナ
遼寧省004旅順
～「203高地」と難攻不落の要塞［モノクロノートブック版］

2017年11月14日　発行

著　者	「アジア城市（まち）案内」制作委員会
発行者	赤松　耕次
発行所	まちごとパブリッシング株式会社 〒181-0013　東京都三鷹市下連雀4-4-36 URL http://www.machigotopub.com/
発売元	株式会社デジタルパブリッシングサービス 〒162-0812　東京都新宿区西五軒町11-13 清水ビル3F
印刷・製本	株式会社デジタルパブリッシングサービス URL http://www.d-pub.co.jp/

MP157

ISBN978-4-86143-291-0 C0326　　　Printed in Japan
本書の無断複製複写（コピー）は、著作権法上での例外を除き、禁じられています。